NUTELLA

lait concentré, crème de marrons

Corinne Jausserand
Photographies de Caroline Faccioli

Albums
LAROUSSE

Sommaire

AVEC DE LA CRÈME DE MARRONS

Un dessert régressif ? Mais qu'il est bon de succomber à la tentation !

Mousse au NUTELLA

PRÉPARATION : 15 MIN

RÉFRIGÉRATION : 6 H AU MOINS

POUR 8 PERSONNES

> 4 œufs + 2 blancs
> 2 cuill. à soupe de sucre en poudre
> 200 g de NUTELLA
> 50 g de beurre
> 50 g de crème fraîche épaisse

Cassez les œufs en séparant les jaunes des blancs. Fouettez vivement les jaunes d'œufs avec le sucre jusqu'à ce que le mélange blanchisse et devienne mousseux.

Faites fondre le NUTELLA avec le beurre dans un saladier en verre placé sur un bain-marie. Laissez tiédir. Mélangez la préparation au NUTELLA aux jaunes battus puis incorporez la crème fraîche.

Montez les blancs d'œufs en neige ferme. À l'aide d'une spatule, incorporez-les délicatement au mélange précédent.

Répartissez la mousse dans huit ramequins individuels et placez-les au réfrigérateur pour au moins 6 heures. L'idéal est de mettre la mousse au congélateur pendant une demi-heure avant de servir : elle sera plus ferme.

Variante : Disposez dans le fond des ramequins une fine couche de noisettes grillées et concassées.

Faciles à réaliser, ces tartelettes peuvent être servies aussi bien lors d'un goûter qu'à la fin d'un dîner. Si vous êtes pressés, utilisez une pâte brisée du commerce.

Tartelettes aux bananes et au NUTELLA

PRÉPARATION : 15 MIN

REPOS DE LA PÂTE : 1 H

CUISSON : 20 MIN

POUR 6 TARTELETTES

> 3 bananes
> 200 g de NUTELLA
  (soit environ 1 cuill. à soupe bien remplie par tartelette)
> 2 cuill. à soupe de noix de macadamia grillées et concassées

Pour la pâte brisée

> 180 g de beurre
> 2 pincées de sel fin
> 1 cuill. à soupe de sucre en poudre
> 2 jaunes d'œufs
> 5 cl de lait à température ambiante
> 255 g de farine

Préparez la pâte. Coupez le beurre en petits morceaux. Travaillez-le à la spatule pour le rendre crémeux. Ajoutez le sel, le sucre, les jaunes d'œufs et le lait tout en remuant pour obtenir une consistance homogène. Incorporez peu à peu la farine et malaxez la pâte à la main. Formez une boule, enveloppez-la dans un film alimentaire et mettez-la au réfrigérateur pour 1 heure.

Préchauffez le four à 200 °C (therm. 6-7). Sur un plan de travail fariné, étalez la pâte sur 3 mm d'épaisseur. Beurrez six moules à tartelette de 10 cm de diamètre. Découpez dans la pâte 6 disques au diamètre légèrement supérieur à celui des moules. Foncez-en les moules et piquez le fond à la fourchette en plusieurs endroits. Mettez au four pour 10 minutes.

Coupez les bananes en rondelles d'environ 5 mm d'épaisseur. Sortez les moules du four. Étalez sur chaque fond de tartelette environ 1 cuillerée à soupe de NUTELLA. Disposez dessus les rondelles de banane et enfournez de nouveau pour 10 minutes. Parsemez les tartelettes de noix de macadamia avant de les déguster, tièdes ou froides.

On retrouve vraiment le goût du NUTELLA dans ce dessert qui ravira petits et grands. L'idéal est de préparer la charlotte la veille, car plus elle restera au frais, mieux elle se tiendra.

Charlotte au NUTELLA

PRÉPARATION : 20 MIN

RÉFRIGÉRATION : 12 H AU MOINS

POUR 4 PERSONNES

> 50 cl de lait
> 4 cuill. à café de cacao en poudre
> 50 g de sucre en poudre
> 275 g de biscuits roses de Reims
  ou de biscuits à la cuillère
> 25 cl de crème liquide très froide
> 300 g de NUTELLA

Faites chauffer un demi-verre de lait. Dans un saladier, mélangez le cacao avec le sucre et diluez-les avec le lait chaud, puis ajoutez le lait restant. Trempez rapidement un à un les biscuits dans ce lait chocolaté. Tapissez-en le fond et le tour d'un moule à charlotte d'environ 12 à 15 cm de diamètre ; serrez bien les biscuits les uns contre les autres afin que la charlotte, une fois démoulée, tienne bien.

Versez la crème liquide dans un saladier et montez-la en chantilly bien ferme à l'aide d'un fouet. Incorporez-y délicatement le NUTELLA en soulevant la masse à l'aide d'une spatule.

Versez la crème au NUTELLA jusqu'à mi-hauteur du moule, puis disposez à nouveau une couche de biscuits imbibés de lait chocolaté. Recouvrez du reste de crème en allant jusqu'en haut du moule. Couvrez de film alimentaire et placez la charlotte au réfrigérateur pendant au moins 12 heures.

Conseil : Afin de faciliter le démoulage, vous pouvez tapisser le moule de film alimentaire.

Pour changer de la traditionnelle crème brûlée, osez la petite touche de NUTELLA, c'est vraiment délicieux ! Préparez la crème la veille : elle doit reposer une douzaine d'heures.

Crème brûlée au NUTELLA

PRÉPARATION : 15 MIN

CUISSON : 1 H

RÉFRIGÉRATION : 12 H AU MOINS

POUR 4 PERSONNES

> 6 jaunes d'œufs
> 75 g de sucre en poudre
> 1 gousse de vanille
> 15 cl de lait entier
> 25 cl de crème liquide
> 160 g de NUTELLA
> 40 g de cassonade

Préchauffez le four à 100 °C (therm. 4). Fouettez les jaunes d'œufs avec le sucre jusqu'à ce qu'ils blanchissent.

Fendez la gousse de vanille en deux dans le sens de la longueur. Récupérez les graines contenues à l'intérieur à l'aide de la pointe d'un couteau et ajoutez-les aux jaunes d'œufs battus. Versez dessus progressivement le lait et la crème, qui doivent être à température ambiante, en mélangeant bien pour que la consistance soit lisse et homogène.

Disposez dans le fond de chaque petit plat à crème brûlée la valeur d'une bonne cuillerée à soupe de NUTELLA, soit environ 40 g. Versez dessus la crème vanillée. Placez les plats à mi-hauteur dans le four et faites cuire pendant 1 heure.

Retirez les crèmes du four et laissez-les refroidir. Réservez-les ensuite au réfrigérateur pendant au moins 12 heures. Juste avant de servir, saupoudrez les crèmes de cassonade et faites caraméliser la surface à l'aide d'un chalumeau (ou passez les crèmes pendant 1 minute sous le gril du four).

Ils se dégustent du bout des doigts. Proposez-les pour un goûter ou lors d'un pique-nique. Variez les plaisirs en remplaçant la mangue par d'autres fruits comme la banane ou la poire.

Nems à la mangue et au NUTELLA

PRÉPARATION : 15 MIN

CUISSON : 10 MIN

POUR 10 NEMS

> 5 feuilles de brick
> 100 g de NUTELLA
> 1 mangue
> 2 cuill. à soupe d'amandes effilées
> 25 g de beurre fondu

Pelez la mangue, détachez la chair de chaque côté du noyau et coupez-la en tout petits dés. Dans une poêle, faites griller à sec les amandes effilées. Faites fondre le beurre.

Préchauffez le four à 200 °C (therm. 6-7). Coupez les feuilles de brick en deux aux ciseaux puis recoupez la partie arrondie de chaque demi-feuille sur 2 cm pour obtenir une forme plus rectangulaire. (Gardez les autres feuilles en attente sous un linge humide car la pâte se dessèche rapidement.) Déposez quelques dés de mangue au milieu du grand côté, près du bord. Ajoutez 2 cuillerées à café de NUTELLA et quelques amandes effilées. Commencez par rouler le nem jusqu'à la moitié de la feuille, rabattez les bords vers le milieu et finissez de rouler la feuille. Préparez ainsi les autres nems.

À l'aide d'un pinceau, badigeonnez les nems de beurre fondu. Disposez-les sur une plaque à pâtisserie recouverte de papier sulfurisé. Enfournez pour 10 minutes ; les nems doivent prendre une jolie couleur dorée. Dégustez-les tièdes ou froids.

Suggestion : Vous pouvez remplacer les feuilles de brick par de la pâte filo, plus souple et plus facile à manipuler. Comme elle est très fine, superposez deux feuilles pour réaliser chaque nem.

Un gâteau roulé ? Oui, mais au NUTELLA ! Il plaira à tous, mais surtout à ceux qui ont gardé leur âme d'enfant.

Gâteau roulé au NUTELLA

PRÉPARATION : 15 MIN

CUISSON : 20 MIN

POUR 4 MINI-BÛCHETTES

> 4 œufs
> 120 g de sucre en poudre
> 40 g de farine
> 1 pincée de sel
> 200 g de NUTELLA

Pour le glaçage
> 50 g de chocolat pâtissier

Préchauffez le four à 180°C (therm. 6). Cassez les œufs en séparant les blancs des jaunes. Fouettez les jaunes avec le sucre jusqu'à ce qu'ils blanchissent et deviennent mousseux. Ajoutez la farine. Montez les blancs d'œufs en neige avec la pincée de sel. À l'aide d'une spatule, incorporez-les délicatement à la préparation précédente.

Versez la pâte sur une plaque à pâtisserie d'environ 40 x 30 cm, recouverte de papier sulfurisé. Enfournez pour 10 à 15 minutes.

Sortez le biscuit du four. Découpez-le aussitôt en 4 parts égales, mais sans séparer les morceaux ni retirer le papier sulfurisé. Roulez le biscuit aussitôt ; laissez refroidir quelques minutes.

Déroulez le biscuit, retirez le papier sulfurisé et tartinez les 4 parts de NUTELLA. Roulez indépendamment les parts afin d'obtenir de petites bûchettes.

Coupez le chocolat en petits morceaux. Faites-le fondre au bain-marie. À l'aide d'un couteau ou d'une spatule, recouvrez les bûchettes de chocolat. Laissez durcir à température ambiante.

Macarons au NUTELLA

PRÉPARATION : 40 MIN

CUISSON : 15 MIN

REPOS DE LA PÂTE : 20 MIN

RÉFRIGÉRATION AVANT
DÉGUSTATION : 24 H

POUR 40 PETITS MACARONS

> 6 blancs d'œufs
> 260 g de sucre glace
> 240 g d'amandes en poudre
> 30 g de cacao
> 200 g de sucre en poudre
> 400 g de NUTELLA

Cassez les œufs pour récupérer les blancs au moins 4 heures à l'avance ; gardez les blancs à température ambiante.

Préchauffez le four à 140 °C (therm. 4-5). Mixez le sucre glace avec les amandes en poudre et le cacao afin d'obtenir une poudre très fine (plus elle est fine, plus la coque des macarons sera lisse). Tamisez le tout au-dessus d'un saladier.

Fouettez les blancs d'œufs ; lorsqu'ils deviennent mousseux, ajoutez la moitié du sucre en poudre et continuez à fouetter. Quand les blancs commencent à devenir fermes, versez le reste de sucre et battez encore pour obtenir une meringue épaisse. Incorporez délicatement le mélange tamisé à l'aide d'une spatule. Travaillez en gestes doux et larges au moins 2 minutes, en allant des bords du récipient vers le centre. La pâte doit être brillante, lisse, et former un ruban en retombant.

Recouvrez une plaque à pâtisserie de papier sulfurisé et tracez des cercles d'environ 3,5 cm de diamètre (ou de 8 cm pour de grands macarons), à intervalle régulier et en quinconce. Versez la pâte dans une poche munie d'une douille lisse et formez de petites boules du même diamètre que celui des cercles. Laissez les macarons reposer 20 minutes à température ambiante et dans un endroit sec pour qu'une croûte se forme à la surface.

Avant d'enfourner, posez la plaque avec les macarons sur une autre plaque (ou la lèchefrite) ; ainsi les fonds des gâteaux ne seront pas trop cuits et il se formera la petite collerette si caractéristique du macaron. Faites cuire pendant 15 minutes en maintenant la porte du four légèrement entrouverte (vous pouvez la bloquer avec le manche d'une cuillère en bois, par exemple).

Laissez tiédir les macarons pendant 5 à 10 minutes puis retirez-les de la plaque. Lorsqu'ils sont froids, garnissez la moitié des coques de NUTELLA et assemblez-les avec les coques restantes. Conservez les macarons au réfrigérateur au moins 24 heures avant de les déguster, ils seront ainsi plus moelleux.

Vous pouvez déposer sur ces crèmes un nuage de chantilly ou bien les parsemer de quelques pistaches non salées, concassées.

Petites crèmes au NUTELLA

PRÉPARATION : 20 MIN

CUISSON : 10 MIN

RÉFRIGÉRATION : 4 H

POUR 4 PERSONNES

> 3 jaunes d'œufs
> 25 g de sucre en poudre
> 25 cl de lait entier
> 125 g de crème fraîche liquide
> 180 g de NUTELLA

Dans un saladier, fouettez les jaunes d'œufs avec le sucre jusqu'à ce qu'ils blanchissent et deviennent mousseux.

Dans une casserole, portez à ébullition le lait et la crème fraîche. Versez ce mélange chaud sur les jaunes tout en fouettant. Reversez l'ensemble dans la casserole et faites cuire à feu moyen en remuant sans cesse jusqu'à la limite du frémissement. Hors du feu, laissez tiédir pendant 10 minutes puis ajoutez peu à peu le NUTELLA en mélangeant pour obtenir une préparation homogène.

Versez la crème dans quatre ramequins individuels ou dans quatre pots à yaourt en verre et placez au réfrigérateur pour au moins 4 heures.

Un crumble dont beaucoup raffoleront ! N'hésitez pas à varier les fruits : les bananes ou les pommes s'accordent aussi très bien avec le NUTELLA ! Et pour rendre ce dessert encore plus gourmand, servez-le avec une boule de glace à la vanille.

Crumble aux poires et au NUTELLA

PRÉPARATION : 15 MIN

CUISSON : 25 MIN

POUR 4 PERSONNES

> 6 poires
> 200 g de NUTELLA
> 40 g de beurre
> 30 g de cassonade
> 60 g de farine
> 20 g d'amandes en poudre

Préchauffez le four à 180 °C (therm. 6). Lavez les poires, pelez-les et coupez-les en cubes. Disposez-les dans un plat allant au four. Recouvrez-les de NUTELLA à l'aide d'une cuillère à soupe ; si vous avez du mal à étaler le NUTELLA, placez le pot dans de l'eau chaude pendant 2 ou 3 minutes pour rendre la pâte plus liquide et donc plus facile à étaler.

Coupez le beurre en petits morceaux. Dans un saladier, réunissez la cassonade, le beurre, la farine et les amandes en poudre. Travaillez tous les ingrédients du bout des doigts jusqu'à obtenir un mélange granuleux.

Répartissez ce mélange sur le NUTELLA et enfournez pour 25 minutes environ ; le crumble doit prendre une jolie couleur dorée. Servez tiède.

*Les petits écoliers apprécieront à coup sûr
ce milk-shake au délicieux goût de NUTELLA !*

Milk-shake banane-NUTELLA

PRÉPARATION : 10 MIN

POUR 2 PERSONNES

> 2 bananes
> 40 cl de lait bien froid
> 3 cuill. à soupe de NUTELLA
> 1 cuill. à soupe de sucre en poudre
> 4 ou 5 glaçons

Pelez les bananes et coupez-les en rondelles. Mixez-les avec le lait froid, le NUTELLA, le sucre et les glaçons pendant 1 minute pour obtenir un mélange bien onctueux et mousseux. Versez le milk-shake dans deux verres et dégustez aussitôt.

Variante : Vous pouvez remplacer les glaçons par deux boules de glace à la vanille.

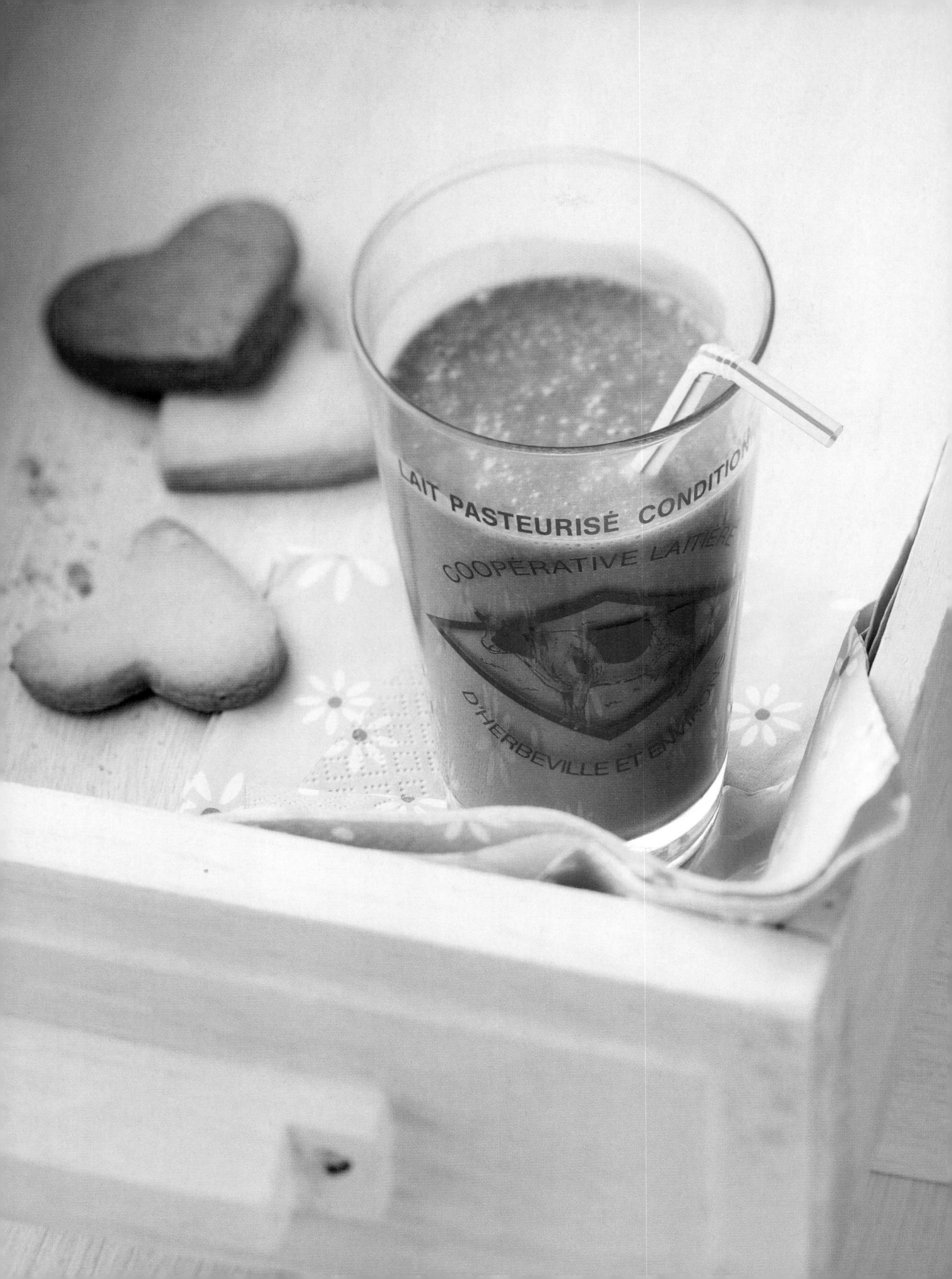
LAIT PASTEURISÉ
COOPÉRATIVE
D'HERBEVILLE ET

Étalez cette pâte sur du pain, des crêpes ou bien des muffins. Idéal pour le goûter des enfants ! Elle se conservera au réfrigérateur pendant 7 jours.

Pâte à tartiner au chocolat blanc

PRÉPARATION : 10 MIN

CUISSON : 10 MIN

POUR UN POT DE 350 G ENVIRON

> 200 g de chocolat blanc
> 15 cl de lait concentré sucré
> 5 cl de crème liquide

Coupez le chocolat blanc en morceaux. Mettez-le dans un saladier en verre placé sur un bain-marie. Dès que le chocolat commence à fondre, ajoutez le lait concentré et la crème liquide. Remuez afin de rendre la consistance homogène.

Une fois que le chocolat a fondu et que la matière est lisse, versez la pâte dans un pot. Laissez refroidir à température ambiante et dégustez.

Voici une autre façon de préparer une tarte au citron. Plus original : remplacez le citron par du pamplemousse. Enfin, c'est une recette express si vous utilisez une pâte brisée du commerce.

Tarte au citron

PRÉPARATION : 15 MIN

REPOS DE LA PÂTE : 1 H

CUISSON : 35 MIN

POUR 6 PERSONNES

Pour la pâte brisée
> 180 g de beurre
> 2 pincées de sel fin
> 1 cuill. à soupe de sucre en poudre
> 1 jaune d'œuf
> 5 cl de lait à température ambiante
> 3 cuill. à café de zeste de citron vert
  râpé
> 250 g de farine

Pour la garniture
> 2 œufs
> 350 g de lait concentré sucré
> 2 cuill. à café de zeste de citron râpé
> jus de 3 citrons jaunes
  et de 1 citron vert

Préparez la pâte. Coupez le beurre en petits morceaux. Travaillez-le à la spatule pour le rendre crémeux. Ajoutez le sel, le sucre, le jaune d'œuf, le lait et le zeste de citron ; remuez pour obtenir une préparation homogène. Incorporez peu à peu la farine et malaxez la pâte. Formez une boule, aplatissez-la, enveloppez-la d'un film alimentaire et mettez-la au réfrigérateur pour 1 heure.

Préchauffez le four à 180 °C (therm. 6). Sur un plan de travail fariné, étalez la pâte sur 3 mm d'épaisseur. Garnissez-en un moule à tarte beurré de 25 cm de diamètre. Piquez le fond à la fourchette en plusieurs endroits. Mettez le moule au réfrigérateur.

Préparez la garniture. Cassez les œufs en séparant les blancs des jaunes. Dans un saladier, mélangez le lait concentré, les zestes et le jus des citrons, et les jaunes d'œufs.

Retirez le moule du réfrigérateur, garnissez le fond de papier sulfurisé puis de légumes secs et enfournez pour 15 minutes. Montez les blancs en neige et mélangez-les délicatement avec la crème au citron. Laissez tiédir 5 minutes le fond de pâte précuit puis versez-y la préparation. Enfournez pour 20 minutes. Laissez refroidir la tarte à température ambiante et dégustez.

Le banoffee est un dessert typiquement anglo-saxon.
Son nom vient de la contraction de *banana* et *toffee* (caramel).

Banoffee

PRÉPARATION : 25 MIN

CUISSON : 2 H

POUR 4 PERSONNES

> 1 boîte de 400 g de lait concentré
> sucré
> 200 g de biscuits sablés
> (palets bretons, Digestive…)
> 50 g de beurre salé
> 2 bananes
> le jus de 1 citron
> 150 g de chocolat pâtissier
> à 54 % de cacao
> 20 cl de crème liquide très froide
> 20 g de sucre glace

Placez la boîte de lait concentré sans l'ouvrir dans une casserole et recouvrez-la complètement d'eau bouillante. Faites cuire 2 heures à feu moyen en complétant l'eau si elle s'évapore trop. Retirez la boîte de la casserole et laissez refroidir.

Mettez les sablés dans un sachet en plastique, puis écrasez-les à l'aide d'un rouleau à pâtisserie. Faites fondre le beurre. Versez les miettes de biscuit dans un saladier, ajoutez le beurre fondu et mélangez.

Disposez sur les assiettes quatre cercles à pâtisserie d'environ 8 cm de diamètre (à défaut, fabriquez-vous des cercles en découpant une bouteille en plastique lisse), versez-y le mélange aux biscuits et tassez avec une cuillère pour obtenir une épaisseur régulière d'environ 1 à 1,5 cm. Laissez les cercles en place.

Coupez les bananes en rondelles et arrosez-les de jus de citron pour les empêcher de noircir. Répartissez-les sur les fonds de pâte. Ouvrez la boîte de lait concentré et versez la confiture de lait obtenue sur les bananes, sur environ 1 cm d'épaisseur.

Cassez le chocolat en petits morceaux et mettez-le dans un bol. Faites-le fondre pendant 1 minute au micro-ondes. Remuez pour qu'il soit lisse et brillant. Laissez-le refroidir pendant 5 minutes et versez-le sur la confiture de lait en couche assez fine.

Juste avant de servir, fouettez la crème liquide en chantilly ferme en ajoutant le sucre glace lorsqu'elle commence à monter. Retirez les cercles à pâtisserie et disposez un peu de chantilly sur chaque banoffee.

Voici un dessert frais et léger qui permet de manger des fruits sous une forme différente. Vous pouvez remplacer la menthe par de la verveine citronnelle dont le goût s'accorde bien aussi avec les fruits exotiques.

Petites verrines aux fruits exotiques

PRÉPARATION : 15 MIN

RÉFRIGÉRATION : 1 H

POUR 4 PERSONNES

> 1/2 ananas bien mûr
> 1 mangue
> 2 pêches jaunes
> le jus de 1/2 citron
> 150 g de lait concentré sucré
> 2 cuill. à soupe de jus d'ananas
> 2 pincées de gingembre en poudre
> 10 feuilles de menthe
> 5 feuilles de basilic

Retirez l'écorce et le cœur fibreux de l'ananas, coupez la chair en tout petits dés. Épluchez la mangue et les pêches, retirez leurs noyaux et coupez leur chair en petits dés également. Arrosez les fruits du jus de citron, remuez et réservez au réfrigérateur.

Versez le lait concentré sucré, le jus d'ananas et le gingembre dans un saladier. Ajoutez les dés de fruits et mélangez pour bien les enrober.

Lavez et ciselez la menthe et le basilic ; ajoutez-les aux fruits. Placez le saladier au réfrigérateur pendant au moins 1 heure. Au moment de servir, répartissez la salade dans des coupelles individuelles ou des verrines.

Conseil : Lorsque vous découpez les fruits, gardez le jus qui s'en écoule pour le mélanger au lait concentré.

Le croquant de ces barquettes vient
de la pâte brisée où s'incrustent des éclats
de noisettes, d'amandes et de pistaches.
Vous pouvez utiliser d'autres fruits secs :
noix de pécan, macadamias, noisettes...

Barquettes croustillantes au chocolat

PRÉPARATION : 20 MIN

REPOS DE LA PÂTE : 1 H

CUISSON : 15-20 MIN

POUR 10 BARQUETTES

> 200 g de chocolat au lait
> 20 cl de lait concentré sucré

Pour la pâte brisée

> 190 g de beurre
> 2 pincées de sel fin
> 1 cuill. à soupe de sucre en poudre
> 5 cl de lait à température ambiante
> 250 g de farine
> 10 g de pistaches
> 20 g d'amandes
> 20 g de noisettes

Préparez la pâte. Coupez le beurre en morceaux. Travaillez-le
à la spatule pour le rendre crémeux. Ajoutez le sel, le sucre et
le lait ; remuez puis incorporez peu à peu la farine en la tamisant,
et malaxez la pâte. Hachez les pistaches, les amandes
et les noisettes et incorporez-les à la pâte. Malaxez à nouveau,
formez une boule, aplatissez-la et enveloppez-la dans un film
alimentaire. Laissez-la reposer 1 heure au réfrigérateur.

Préchauffez le four à 200 °C (therm. 6-7). Sur un plan de travail
fariné, étalez la pâte sur 3 mm d'épaisseur. Beurrez dix moules
à barquette et garnissez-les de pâte. Piquez le fond avec une
fourchette en plusieurs endroits. Faites cuire les fonds de pâte
pendant 15 à 20 minutes.

Pendant ce temps, coupez le chocolat en petits morceaux.
Versez le lait concentré sucré dans un saladier en verre et
ajoutez-y le chocolat. Faites fondre au micro-ondes pendant
1 ou 2 minutes à puissance maximale (850 W). Remuez afin
d'obtenir une ganache lisse et homogène.

Retirez les tartelettes du four, laissez-les tiédir puis versez-y la
préparation au chocolat. Laissez durcir à température ambiante.

Au lieu d'acheter des barres à la noix de coco dans le commerce, pourquoi ne pas les faire vous-même ? Vous pouvez les réaliser avec du chocolat au lait ou du chocolat noir, ou avec les deux, comme dans cette recette.

Barres de noix de coco au chocolat

PRÉPARATION : 20 MIN

CUISSON : 2 MIN

RÉFRIGÉRATION : 12 H

POUR 24 BARRES

> 100 g de chocolat noir à 64 % de cacao
> 6 cl de crème fraîche liquide
> 20 cl de lait concentré sucré
> 160 g de noix de coco râpée
> 100 g de chocolat au lait à 34 % de cacao

Tapissez de film alimentaire un moule carré de 20 cm de côté en laissant le film légèrement dépasser les bords (cela facilitera le démoulage).

Coupez le chocolat noir en petits morceaux. Placez-le dans un saladier en verre, ajoutez la moitié de la crème liquide et mettez l'ensemble au micro-ondes pendant 1 minute à puissance maximale (850 W). Remuez le chocolat fondu pour obtenir une ganache lisse et brillante.

Versez la ganache dans le fond du moule. Faites durcir 15 minutes au réfrigérateur.

Pendant ce temps, versez le lait concentré sucré dans un saladier, ajoutez la noix de coco râpée et mélangez pour obtenir une sorte de pâte assez consistante. Versez-la sur la couche de chocolat noir durci et lissez le dessus avec le dos d'une cuillère en appuyant bien pour tasser et égaliser.

Coupez le chocolat au lait en morceaux. Placez-le dans un saladier en verre, ajoutez la crème liquide restante et mettez l'ensemble au micro-ondes pendant 1 minute à puissance maximale. Mélangez le chocolat fondu pour obtenir une ganache lisse. Versez-la encore chaude sur la pâte à la noix de coco. Remuez légèrement le moule de droite à gauche pour bien égaliser la surface de la ganache. Placez le moule au réfrigérateur pour environ 12 heures.

Découpez des morceaux d'environ 8 x 3 cm ; pour le faire plus aisément et éviter de casser le glaçage, trempez auparavant la lame du couteau dans de l'eau chaude.

Cheesecake aux fruits de la Passion

PRÉPARATION : 30 MIN

CUISSON : 15 MIN
+ 1 H DANS LE FOUR ÉTEINT

RÉFRIGÉRATION : 4 H AU MOINS

POUR 8 PERSONNES

Pour le fond
> 250 g de biscuits sablés (type Digestive, spéculoos, sablés bretons…)
> 60 g de beurre

Pour le coulis aux fruits de la Passion
> 8 fruits de la Passion
> 10 cl de jus d'orange
> 4 cuill. à soupe de sucre en poudre
> 1 cuill. à café de fécule de maïs

Pour la garniture
> 600 g de fromage frais à tartiner ou de carrés de fromage demi-sel
> 250 g de lait concentré sucré
> 4 œufs
> 25 g de farine
> 2 blancs d'œufs

Préparez le fond du cheesecake. Préchauffez le four à 200 °C (therm. 6-7). Placez les biscuits dans un sachet en plastique et écrasez-les à l'aide d'un rouleau à pâtisserie. Faites fondre le beurre au micro-ondes. Versez les miettes de biscuit dans un saladier, ajoutez le beurre fondu et mélangez. Garnissez un moule à fond amovible de 28 cm de diamètre d'un disque de papier sulfurisé. Versez-y le mélange aux biscuits et tassez-le en égalisant l'épaisseur, qui doit être de 1 à 1,5 cm.

Commencez à préparer le coulis. Coupez les fruits de la Passion en deux. À l'aide d'une petite cuillère, retirez la pulpe et le jus en travaillant au-dessus d'une passoire posée sur un bol. Pressez la pulpe contre la passoire afin d'extraire le plus de jus possible. Gardez quelques graines.

Préparez la garniture. Dans un saladier, mélangez le fromage frais et le lait concentré. Ajoutez les 4 œufs entiers, la farine ainsi que la moitié du jus des fruits de la Passion (le reste servira à la réalisation du coulis) et mélangez. Battez les 2 blancs d'œufs en neige ferme et incorporez-les délicatement à la préparation au fromage.

Versez la garniture sur le fond de pâte et enfournez pour 15 minutes. À la fin de la cuisson, éteignez le four et couvrez le cheesecake d'une feuille d'aluminium ; laissez-le refroidir dans le four pendant 1 heure environ. Placez-le ensuite au frais pour au moins 4 heures.

Finissez la préparation du coulis. Versez le jus d'orange, le sucre et le reste de jus des fruits de la Passion dans une casserole. Portez à ébullition, baissez le feu et laissez cuire 5 minutes. Mélangez la fécule avec 1 cuillerée à soupe d'eau froide et ajoutez-la au coulis. Poursuivez la cuisson 2 minutes jusqu'à épaississement. Hors du feu, ajoutez les graines réservées et laissez refroidir. Servez le cheesecake arrosé de coulis.

Conseil : Pour réaliser des cheesecakes individuels, utilisez huit cercles d'environ 10 cm de diamètre. Faites-les cuire 10 minutes à 200 °C et laissez-les 50 minutes dans le four éteint.

Voici un sorbet réalisable en 5 minutes sans sorbetière ! Vous pouvez varier les plaisirs et remplacer les framboises par de la mangue, de l'ananas, du melon, par exemple.

Sorbet minute à la framboise

PRÉPARATION : 5 MIN

CONGÉLATION : 4 OU 5 H
(FACULTATIF)

POUR 4 PERSONNES

> 450 g de framboises surgelées
> 200 g de lait concentré sucré
> 5 cl d'eau

Pour préparer ce sorbet, vous n'avez pas besoin de sorbetière, un simple mixeur suffit.

Sortez les framboises du congélateur et laissez-les ramollir légèrement pendant 5 minutes. Mixez-les ensuite pendant 1 ou 2 minutes avec le lait concentré sucré et l'eau. C'est prêt !

Si vous dégustez ce sorbet aussitôt, il aura une consistance plutôt crémeuse. Vous pouvez aussi le verser dans un bac à glace pour le faire prendre au congélateur pendant 3 ou 4 heures ; il aura alors une consistance plus ferme. Il pourra ensuite être conservé dans le congélateur.

Variantes : Parfumez le sorbet avec quelques feuilles de menthe ou de verveine citronnelle.

Un dessert savoureux, rapide et facile
à réaliser, à agrémenter de quelques myrtilles
ou groseilles, si vous en disposez.

Gratin de fraises

PRÉPARATION : 10 MIN

CUISSON : 10 MIN

POUR 6 PERSONNES

> 500 g de fraises
> 20 cl de lait concentré sucré
> 2 jaunes d'œufs
> 2 cuill. à soupe d'amandes en poudre
> 1 cuill. à soupe de pistaches
  non salées

Allumez le gril du four (230 °C ; therm. 8). Lavez et équeutez
les fraises. Dans un bol, mélangez le lait concentré avec
les jaunes d'œufs. Ajoutez les amandes en poudre et remuez
à l'aide d'un fouet pour obtenir une préparation homogène.

Coupez les fraises en deux dans le sens de la hauteur
et disposez-les dans six ramequins individuels. Versez dessus
la préparation aux amandes de façon qu'elle recouvre les fraises
à moitié.

Enfournez en positionnant la grille à mi-hauteur et laissez gratiner
pendant 10 minutes environ.

Concassez les pistaches au couteau et parsemez-en les fraises
à la sortie du four. Servez les gratins tièdes.

Ces carrés se dégustent par petites bouchées et se conservent pendant 5 ou 6 jours au réfrigérateur, et vous pouvez même les congeler.

Carrés au caramel fondant

PRÉPARATION : 25 MIN

RÉFRIGÉRATION : 5 H

POUR 30 BOUCHÉES ENVIRON

> 235 g de beurre
> 220 g de sablés au chocolat
> 50 g d'amandes mondées
> 50 g de noisettes
> 50 g de noix de macadamia
> 800 g de lait concentré sucré
> 150 g de chocolat noir

Beurrez un moule carré de 22 cm de côté, chemisez-le largement de papier sulfurisé. Faites fondre 135 g de beurre. Placez les sablés dans un sachet en plastique, puis écrasez-les à l'aide d'un rouleau à pâtisserie. Versez les miettes obtenues dans un saladier et mélangez avec le beurre fondu. Garnissez le fond du moule de cette pâte en tassant bien à l'aide d'une cuillère et en égalisant l'épaisseur. Faites durcir au réfrigérateur le temps de préparer les fruits secs et le caramel.

Faites griller les amandes, les noisettes et les noix de macadamia sur la plaque du four pendant 2 minutes puis concassez-les.

Dans une casserole à fond épais, faites chauffer jusqu'à frémissement le lait concentré avec 50 g de beurre, à feu doux, en remuant avec un fouet ; maintenez une petite ébullition pendant 8 à 10 minutes, sans cesser de remuer, jusqu'à ce que le mélange épaississe et prenne une jolie couleur dorée. Ôtez la casserole du feu et ajoutez les fruits secs. Versez ce caramel sur le fond de pâte. Faites-le durcir au réfrigérateur pendant 1 heure.

Faites fondre au bain-marie le chocolat avec 50 g de beurre. Laissez tiédir avant de verser ce glaçage sur la couche de caramel. Faites prendre au réfrigérateur pendant au moins 4 heures. Découpez ensuite le gâteau en carrés de la taille d'une bouchée.

Voici un classique revisité. À la place des verres, vous pouvez utiliser un grand plat creux dans lequel chacun prendra la portion qui lui plaira.

Tiramisu à la crème de marrons

PRÉPARATION : 20 MIN

RÉFRIGÉRATION : 6 H AU MOINS

POUR 8 VERRES

> 4 œufs
> 50 g de sucre en poudre
> 250 g de crème de marrons
> 250 g de mascarpone
> 2 cuill. à soupe de rhum
> 1 pincée de sel
> 30 cl de café
> une trentaine de biscuits à la cuillère
> 6 cuill. à soupe de cacao en poudre

Cassez les œufs en séparant les blancs des jaunes.
Dans un saladier, battez les jaunes d'œufs avec le sucre jusqu'à ce que le mélange blanchisse. Incorporez la crème de marrons puis ajoutez le mascarpone et le rhum. Mélangez pour obtenir une préparation homogène.

Montez les blancs en neige ferme avec la pincée de sel. Incorporez-les délicatement à la préparation au mascarpone.

Versez le café dans un bol et trempez-y un à un les biscuits à la cuillère. Disposez-les au fur et à mesure au fond de huit verres. Recouvrez-les de la crème au mascarpone sur 2 ou 3 cm d'épaisseur. Disposez à nouveau une couche de biscuits. Saupoudrez ces derniers avec la moitié du cacao en poudre, en vous aidant d'une petite passoire. Versez le reste de la crème et saupoudrez du cacao restant.

Placez les verres au réfrigérateur pour au moins 6 heures. Servez bien frais.

Suggestion : Vous pouvez ajouter 2 cuillerées à soupe de rhum dans le café pour parfumer les biscuits.

Ce gâteau gourmand se prépare sans farine : idéal pour les personnes allergiques au gluten. Vous pouvez l'accompagner d'une boule de glace à la vanille ou d'une crème anglaise.

Fondant chocolat-marrons

PRÉPARATION : 10 MIN

CUISSON : 30 MIN

POUR 6-8 PERSONNES

> 200 g de chocolat noir à 52 %
  de cacao au moins
> 160 g de beurre
> 3 œufs
> 500 g de crème de marrons

Préchauffez le four à 180 °C (therm. 6). Coupez le chocolat en petits morceaux. Placez-le dans un bol et ajoutez le beurre. Faites fondre au micro-ondes pendant 2 minutes à puissance maximale (850 W). Remuez pour obtenir un chocolat lisse et brillant.

Dans un saladier, battez les œufs énergiquement. Ajoutez la crème de marrons et remuez pour obtenir une texture lisse. Versez dessus la préparation au chocolat et mélangez.

Beurrez un moule de 20 à 22 cm de diamètre et versez-y la pâte. Enfournez pour 30 minutes. Laissez refroidir le fondant à température ambiante.

Conseil : Ce fondant se conserve 2 ou 3 jours au réfrigérateur. Avant de le servir, laissez-le 1 heure à température ambiante.

Voici un grand classique de la pâtisserie française. Pour gagner du temps, n'hésitez pas à préparer les meringues la veille.

Mont-blanc

PRÉPARATION : 30 MIN
CUISSON : 1 H

POUR 4 PERSONNES

Pour la meringue
> 5 blancs d'œufs
> 350 g de sucre en poudre
> 1 cuill. à café d'extrait de vanille

Pour la crème
> 500 g de crème de marrons
> 50 g de beurre mou
> 2 cuill. à soupe de rhum

Pour la chantilly
> 20 cl de crème liquide très froide
> 20 g de sucre glace

Préparez la meringue. Préchauffez le four à 100 °C (therm. 3-4). Montez les blancs d'œufs en neige en incorporant peu à peu d'abord la moitié du sucre, puis la moitié du sucre restant et la vanille. Continuez à fouetter jusqu'à obtenir une meringue ferme et brillante. Versez alors le reste du sucre et fouettez encore. La meringue doit tenir sur les branches du fouet.

Remplissez de meringue une poche à douille lisse. Recouvrez une plaque de papier sulfurisé et tracez 8 cercles de 8 à 10 cm de diamètre. Dressez la meringue à l'intérieur de ces cercles en allant de l'extérieur vers l'intérieur. Enfournez pour 1 heure en entrouvrant la porte du four (bloquez-la avec une cuillère en bois). Sortez la plaque du four et laissez les meringues refroidir.

Préparez la crème. À l'aide d'un fouet, mélangez la crème de marrons, le beurre et le rhum. Versez cette préparation dans une poche à douille munie d'un embout à petits trous. Garnissez-en 4 disques de meringue et recouvrez avec les disques restants.

Au dernier moment, fouettez la crème liquide en chantilly ferme en ajoutant le sucre glace dès qu'elle commence à monter. Disposez-la sur les meringues et servez.

L'Ardèche étant le « pays » de la crème de marrons, une tarte se devait de porter son nom. Celle-ci est pleine de finesse et d'originalité. Si vous manquez de temps, réalisez cette recette avec une pâte brisée du commerce.

Tarte ardéchoise

PRÉPARATION : 20 MIN

REPOS DE LA PÂTE : 1 H

CUISSON : 30 MIN

POUR 8 PERSONNES

> 50 g de noisettes décortiquées
> 50 g de noix de pecan
> 2 œufs
> 100 g de cassonade
> 2 cuill. à soupe de crème fraîche
> 200 g de crème de marrons

Pour la pâte brisée

> 180 g de beurre (+ pour le moule)
> 2 pincées de sel fin
> 1 cuill. à soupe de sucre en poudre
> 1 jaune d'œuf
> 5 cl de lait à température ambiante
> 225 g de farine
> 25 g de farine de châtaigne

Préparez la pâte. Coupez le beurre en morceaux, travaillez-le à la spatule pour le rendre crémeux. Ajoutez le sel, le sucre, le jaune d'œuf et le lait ; remuez pour obtenir une préparation homogène. Incorporez peu à peu les deux farines en les tamisant et malaxez la pâte. Formez une boule, aplatissez-la et enveloppez-la dans un film alimentaire. Mettez au réfrigérateur pour 1 heure.

Préchauffez le four à 200 °C (therm. 6-7). Sur un plan de travail fariné, étalez la pâte sur 3 mm d'épaisseur. Beurrez un moule à tarte de 25 cm de diamètre et garnissez-le de pâte. Piquez le fond avec une fourchette en plusieurs endroits. Mettez le moule au réfrigérateur le temps de préparer la garniture.

Faites griller les noisettes et les noix de pécan au four pendant 3 ou 4 minutes. Concassez-les au couteau. N'éteignez pas le four.

Cassez les œufs en séparant les blancs des jaunes. Dans un saladier, fouettez les jaunes d'œufs avec la cassonade jusqu'à ce qu'ils blanchissent puis incorporez la crème fraîche, la crème de marrons et les fruits secs concassés. Montez les blancs d'œufs en neige et ajoutez-les délicatement à la préparation précédente. Versez le tout sur le fond de tarte et enfournez pour 30 minutes.

Voici un dessert frais et léger que vous pouvez accompagner
de tuiles aux zestes d'agrumes, par exemple. Si vous avez
le temps, préparez-le la veille, ce sera encore meilleur !

Mousse aux marrons

PRÉPARATION : 20 MIN
RÉFRIGÉRATION : 4 H

POUR 4 PERSONNES
> 2 feuilles de gélatine
> 250 g de crème de marrons
> 20 cl de crème liquide très froide

Mettez les feuilles de gélatine dans un bol d'eau froide pendant
5 minutes pour les faire ramollir.

Versez la crème de marrons dans une casserole et faites-la tiédir
à feu doux. Essorez la gélatine sur du papier absorbant, ajoutez-
la à la crème de marrons et mélangez soigneusement pour bien
l'incorporer. Ôtez la casserole du feu et versez la préparation
dans un récipient.

Montez la crème liquide en chantilly bien ferme. Incorporez-la
délicatement à la crème de marrons à l'aide d'une spatule.
Répartissez la mousse dans quatre jolies coupelles en verre
ou dans quatre ramequins. Mettez au réfrigérateur pour au moins
4 heures.

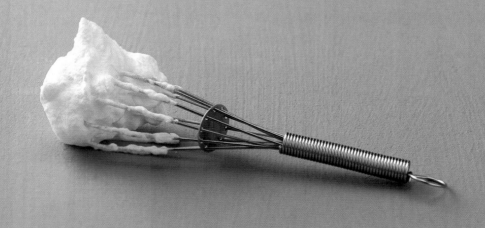

Pour rendre ce dessert moins calorique, remplacez le mascarpone par du fromage blanc à 0 % de matière grasse.

Verrines d'automne

PRÉPARATION : 15 MIN
CUISSON : 10 MIN
RÉFRIGÉRATION : 1 OU 2 H

POUR 6 VERRINES

> 2 oranges
> 100 g de sucre en poudre
> 250 g de mascarpone
> 100 g de fromage blanc
> 2 sachets de sucre vanillé
> 200 g de spéculoos ou de sablés bretons
> 250 g de crème de marrons

Râpez le zeste d'une orange de façon à obtenir la valeur de 1 cuillerée à soupe. Pressez les deux oranges. Dans une casserole, portez à ébullition le jus d'orange avec les zestes et le sucre ; laissez cuire pendant 10 minutes. Remuez de temps en temps en surveillant bien la réduction du sirop. Quand le liquide est devenu bien sirupeux, ôtez la casserole du feu et laissez refroidir. Filtrez le sirop dans une passoire pour en retirer les zestes ; réservez ceux-ci pour la décoration des verrines.

Dans un saladier, mélangez le mascarpone, le fromage blanc, le sucre vanillé et la moitié du sirop d'orange.

Placez les spéculoos dans un sachet en plastique, puis écrasez-les à l'aide d'un rouleau à pâtisserie. Disposez les biscuits écrasés dans le fond de six verrines sur un tiers de la hauteur.

Remplissez les verrines jusqu'aux deux tiers avec la crème au mascarpone ; gardez-en un peu pour la décoration (environ 1 cuillerée à café par verrine). Répartissez ensuite la crème de marrons. Décorez de crème au mascarpone réservée, arrosez du sirop d'orange restant et parsemez de zestes confits. Mettez les verrines au réfrigérateur pour 1 ou 2 heures avant de les servir.

Bûche aux marrons et à la rose

PRÉPARATION : 40 MIN

CUISSON : 10 MIN

RÉFRIGÉRATION : 12 H AU MOINS

POUR 6-8 PERSONNES

Pour le biscuit

> 4 œufs

> 50 g de beurre (+15 g pour la plaque)

> 125 g de sucre en poudre

> 100 g de farine

> 1 pincée de sel

> 10 cl de sirop de rose

Pour la mousse

> 25 cl de crème liquide

> 400 g de crème de marrons

Pour le glaçage et le décor

> 250 g de sucre glace

> 1 blanc d'œuf

> le jus de 1/2 citron

> colorant rose

> 80 g de brisures de marrons glacés
  ou 4 marrons glacés

Préparez le biscuit. Préchauffez le four à 180 °C (therm. 6). Cassez les œufs en séparant les blancs des jaunes. Faites fondre le beurre. Fouettez les jaunes avec le sucre jusqu'à ce qu'ils blanchissent puis ajoutez la farine, le beurre fondu et le sel, et mélangez. Montez les blancs d'œufs en neige ferme et incorporez-les délicatement à la préparation précédente.

Recouvrez une plaque à pâtisserie de 30 x 40 cm de papier sulfurisé légèrement beurré. Versez-y la pâte et enfournez pour 10 minutes. Sortez la plaque du four, posez la pâte avec le papier sulfurisé sur le plan de travail et enroulez-la aussitôt sur elle-même sans retirer le papier.

Diluez le sirop de rose avec 10 cl d'eau. Lorsque le biscuit est froid, déroulez-le en ôtant le papier. Imbibez-le, au pinceau, de sirop dilué.

Préparez la mousse. Montez la crème liquide en chantilly. Incorporez-y délicatement la crème de marrons.

Étalez la mousse sur le biscuit à l'aide d'une spatule. Enroulez le biscuit sur lui-même de façon à former une bûche et placez-le au réfrigérateur le temps de préparer le glaçage.

Préparez le glaçage. Versez le sucre glace dans un bol, ajoutez le blanc d'œuf et remuez à l'aide d'un fouet. Incorporez petit à petit le jus de citron. La consistance ne doit pas être trop liquide (si c'est le cas, rajoutez un peu de sucre glace) : le glaçage doit former un ruban lorsqu'il coule de la cuillère. Ajoutez quelques gouttes de colorant rose et mélangez.

Appliquez aussitôt ce glaçage sur la bûche à l'aide d'une spatule. Décorez avec quelques brisures de marrons puis replacez la bûche au réfrigérateur pour au moins 12 heures.

L'association de la vanille et de la crème de marrons est un pur délice !

Panna cotta à la crème de marrons

PRÉPARATION : 15 MIN

CUISSON : 5 MIN

RÉFRIGÉRATION : 4 H AU MOINS

POUR 6 VERRINES
> 3 feuilles de gélatine
> 50 cl de crème liquide
> 1 gousse de vanille
> 4 cuill. à soupe bombée de crème de marrons
> 150 g de marrons confits au sirop ou, à défaut, des brisures de marrons glacés

Mettez les feuilles de gélatine dans un bol d'eau froide pendant 5 minutes pour les faire ramollir.

Versez la crème liquide dans une casserole. Fendez la gousse de vanille en deux dans le sens de la longueur, grattez les graines à l'aide de la pointe d'un couteau et mettez-les dans la crème. Faites chauffer à feu très doux jusqu'au frémissement, puis arrêtez la cuisson.

Essorez la gélatine sur du papier absorbant. Incorporez-la à la crème chaude en remuant. Quand la gélatine a fondu, ajoutez la crème de marrons et mélangez soigneusement.

Disposez quelques brisures de marrons confits ou de marrons glacés au fond de six verrines. Versez ensuite la panna cotta et placez les verrines au réfrigérateur pendant au moins 4 heures. Servez bien frais.

À la fois onctueux et croustillant,
ce mille-feuille se prépare en un clin d'œil
mais mérite d'être savouré lentement.
N'attendez pas pour le servir car les feuilles
de brick doivent rester bien croustillantes.

Mille-feuille à la crème de marrons

PRÉPARATION : 15 MIN
CUISSON : 1 MIN

POUR 4 PERSONNES

> 6 feuilles de brick
> 20 g de beurre
> 4 cuill. à soupe de cassonade
> 30 cl de crème liquide très froide
> 300 g de crème de marrons
> 1 cuill. à soupe de sucre glace
   (facultatif)

Préchauffez le four à 180 °C (therm. 6). Découpez les feuilles
de brick en rectangles d'environ 4 x 10 cm. Comptez 9 rectangles
par personne.

Faites fondre le beurre et badigeonnez-en les deux faces
des feuilles de brick à l'aide d'un pinceau. Saupoudrez chaque
rectangle d'un peu de cassonade.

Allumez le gril du four. Disposez les feuilles de brick sur
une plaque recouverte de papier sulfurisé. Enfournez pour
1 ou 2 minutes en surveillant la cuisson car elles cuisent
très vite ; elles doivent être dorées.

Montez la crème liquide en chantilly bien ferme.

Disposez dans chaque assiette 3 rectangles de brick et disposez
dessus la crème de marrons à l'aide d'une poche à douille
cannelée ou d'une petite cuillère. Ajoutez à nouveau 3 feuilles
de brick et nappez le tout de chantilly. Terminez par 3 feuilles
de brick en les saupoudrant, éventuellement, de sucre glace.
Servez aussitôt.

Pas besoin de sorbetière pour réaliser cette glace qui obtiendra un franc succès auprès de vos invités !

Vacherin à la crème de marrons

PRÉPARATION : 30 MIN

CONGÉLATION : 12 H

POUR 6-8 PERSONNES

> 100 g de meringue toute prête
> 4 œufs
> 120 g de sucre en poudre
> 50 cl de crème liquide très froide
> 300 g de crème de marrons
> 1 gousse de vanille
> 3 cuill. à soupe d'amandes effilées
> 80 g de brisures de marrons glacés ou 4 marrons glacés

Écrasez grossièrement la meringue. Cassez les œufs en séparant les blancs des jaunes. Dans un saladier, battez les jaunes avec le sucre jusqu'à ce que le mélange blanchisse. Montez les blancs en neige bien ferme.

Dans un autre saladier, fouettez la crème liquide en chantilly. Incorporez-y délicatement les jaunes d'œufs battus puis les blancs d'œufs en neige. Versez la moitié de cette préparation dans un bol, ajoutez les brisures de meringue, mélangez et réservez au frais.

Fendez la gousse de vanille en deux dans le sens de la longueur, grattez les graines au-dessus de la préparation restante, ajoutez la crème de marrons et mélangez délicatement à l'aide d'une spatule. Faites griller les amandes effilées à sec dans une poêle.

Tapissez de film alimentaire un moule carré de 12 à 15 cm de côté (ou un moule à cake d'environ 25 cm de long) ; cela facilitera le démoulage. Versez la préparation à la crème de marrons jusqu'à la moitié du moule. Disposez les amandes effilées et les brisures de marrons glacés de façon à former une couche uniforme d'environ 5 mm. Versez ensuite la préparation à la meringue jusqu'en haut du moule. Placez au congélateur pour 12 heures.

TABLE DES ÉQUIVALENCES FRANCE-CANADA

POIDS

55 g	2 onces	200 g	7 onces	500 g	17 onces
100 g	3 onces	250 g	9 onces	750 g	26 onces
150 g	5 onces	300 g	10 onces	1 kg	35 onces

Ces équivalences permettent de calculer le poids à quelques grammes près (en réalité, 1 once = 28 g).

CAPACITÉS

25 cl	1 tasse	75 cl	3 tasses
50 cl	2 tasses	1 l	4 tasses

Pour faciliter la mesure des capacités, une tasse équivaut ici à 25 cl (en réalité, 1 tasse = 8 onces = 23 cl).

Direction éditoriale Delphine Blétry
Édition Ewa Lochet
Direction artistique Emmanuel Chaspoul
Mise en page Martine Debrais
Lecture-correction Joëlle Narjollet
Couverture Véronique Laporte
Fabrication Annie Botrel

Corinne Jausserand remercie vivement : Pain d'épices (29-31 passage Jouffroy, 75009 Paris ; www.paindepices) – Jeanine Cros pour son magnifique linge ancien (11, rue d'Assas, 75016 Paris) ; Mora pour ses moules à gâteaux (www. mora) – Comptoir de famille (41, avenue Jean-Baptiste Clément, 92100 Boulogne-Billancourt) – Les peintures Ressource pour leurs belles teintes (www.ressource-peinture.com ; tel :01 45 61 38 05) – Kenwood pour le prêt du robot chef (www.kenwood.fr). Un grand merci à la société Clément FAUGIER (www.clementfaugier.fr) qui m'a fait découvrir toute la gamme de ses produits et surtout sa délicieuse crème de marrons, à mon goût la meilleure.

Un grand merci à Sandrine qui m'ouvre toujours avec joie ses placards qui recèlent des merveilles ! Et qui n'hésite pas à chiner pour moi, à la découverte de l'objet atypique ! Merci à Laure Petitdemange qui m'a assistée lors des prises de vues et avec qui j'ai eu beaucoup de plaisir à travailler. Merci à Caroline qui, vers la fin des prises de vues, ne voulait plus goûter à mes gâteaux… à cause de son régime ! Heureusement que Daniel et Valérie sont toujours partants pour une petite sucrerie ! Merci à ma famille et particulièrement à mes filles qui ont adoré les recettes au NUTELLA.

NUTELLA® est une marque enregistrée de FERRERO.

© Larousse 2011

ISBN 978-2-03-585216-8

Photogravure Turquoise, Émerainville
Imprimé en Espagne par Graficas Estella, Estella
Dépôt légal : janvier 2011
305127/03 – 11016568 juillet 2011